FUN EASY *Recorder* SONGS

FOR KIDS+ BEGINNERS

TABLE OF CONTENTS

RECORDER FINGERING

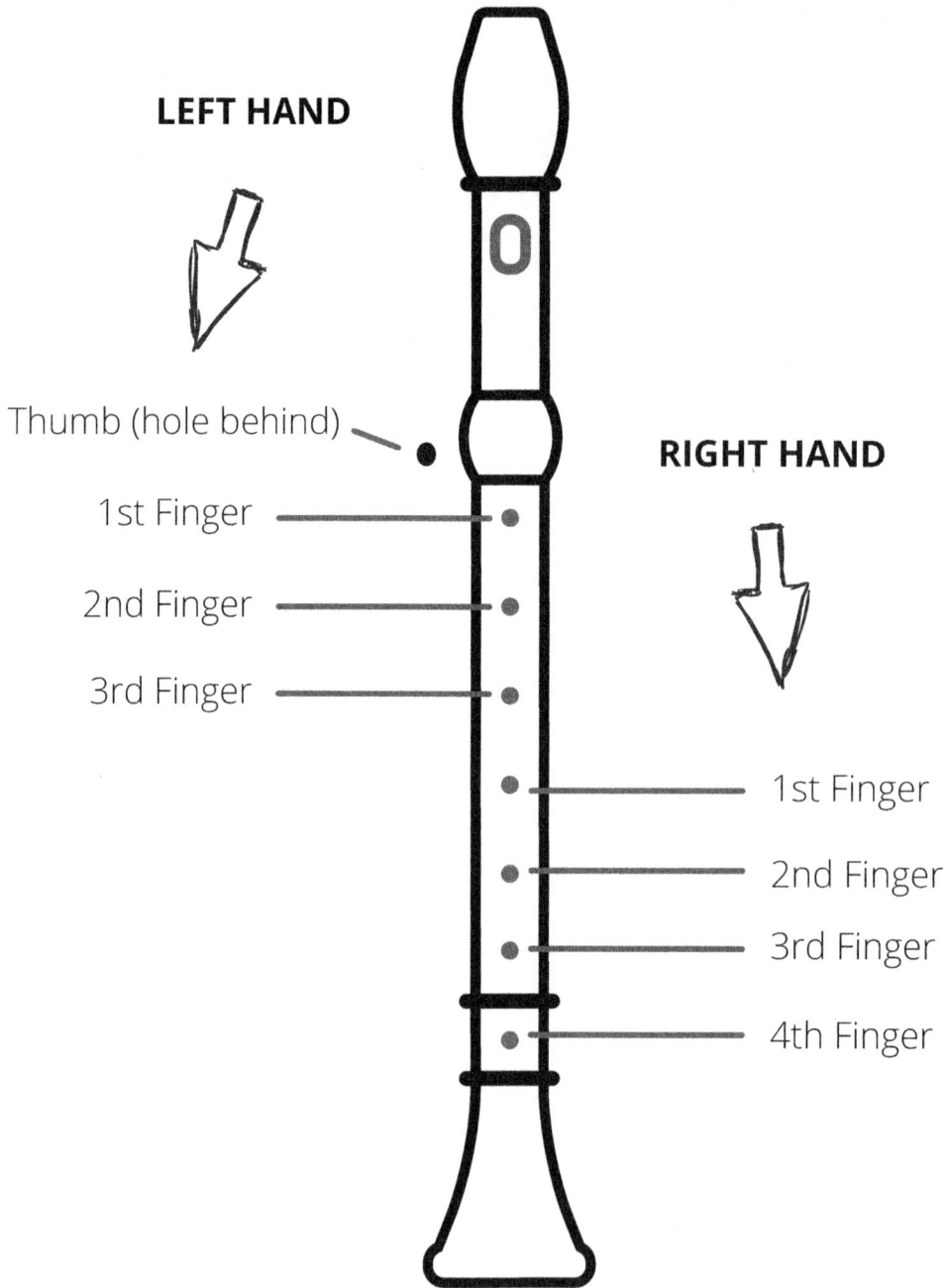

LEFT HAND

Thumb (hole behind)

1st Finger

2nd Finger

3rd Finger

RIGHT HAND

1st Finger

2nd Finger

3rd Finger

4th Finger

FINGERING CHART

● Closed Hole

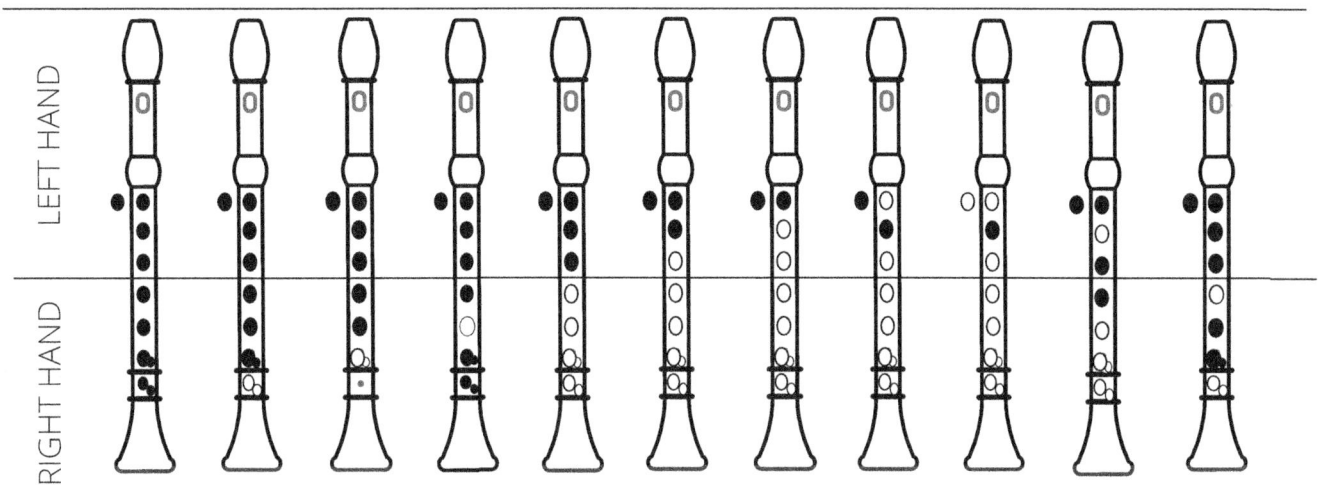

LEFT HAND

RIGHT HAND

C D E F G A B C D B♭ F#

All holes closed ———

HOT CROSS BUNS

B   A   G   B   A   G

Hot   cross   buns,   hot   cross   buns.

G G G G   A A A A   B   A   G

One a pen–ny,   two a pen–ny,   hot   cross   buns.

AU CLAIRE DE LA LUNE

G G G A B A   G B A A

Au clair de la lu - ne,   mon a - mi Pier -

G   G G G A B A

rot,   Pre - te - moi ta pl - ume,

G B A A G

pour e - crire un mot

Translation:
In the light of the moon, Pierrot, my friend
Loan me your pen to write something down
My candle's dead, I've got no flame to light it
Open your door, for the love of God!

TIE MY SHOE

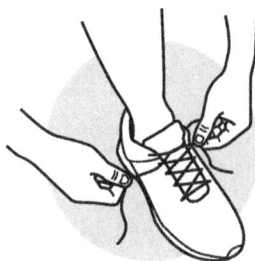

C   C   C C A   C   C   C C A

One two   tie my shoe.   Three four   shut the door.

C   C   C C A   C   C   C C   A

Five six   pick up sticks.   Seven eight   lay them straight.

C   C   C   C C   A

nin   ten   big fat   hen.

iTs RAiNiNG, iTs POURiNG

G G E F G E F G E A

Its rain – ing, its pour – ring. The old man is

G E E F F D D F F D D

snor – ing. He bumped his head and went to bed, and

G G G E A G E

could not get up til morn – ing!

STARLIGHT, STARBRIGHT

G   E   G   E   G   E   E   G   G   E

Star–light   star–bright,   first   star   I   see   to – night.

F   F   D   F   F   D   G   G   E   A   G   G   E

Wish I may,   wish i might,   have the wish I   wish to-night.

MARY HAD A LITTLE LAMB

A G F G   A A A   G G G

Ma – ry had a   lit – tle lamb,   lit – tle lamb,

A C C   A G F G   A A A A

lit – tle lamb.   Ma – ry had a   lit – tle lamb its

G G A G F

fleece as white as snow.

A SAILOR WENT TO SEA

G   C   G   A   G   E   G   G   G

A   sail - or   went   to   sea,   sea,   sea;   to

A   A   B   B   C   C   C   G

see   what   he   could   see,   see,   see;   but

C   G   A   G   E   G   G   G   G

all   that   he   could   see,   see,   see;   was   the

A   A   A   A   B   B   C   C   C

bot - tom   of   the   deep   blue   sea,   sea,   sea.

LITTLE BO PEEP

G G G G G A A A A

Lit – tle Bo Peep has lost her sheep and

B C D D C B B A

does – n't know where_ to find them.

D B B B B C A A A

Leave them a – lone and they will come home,

B C B A G A G G

wag – ging their ta – ils be – hind them.

10

ODE TO JOY

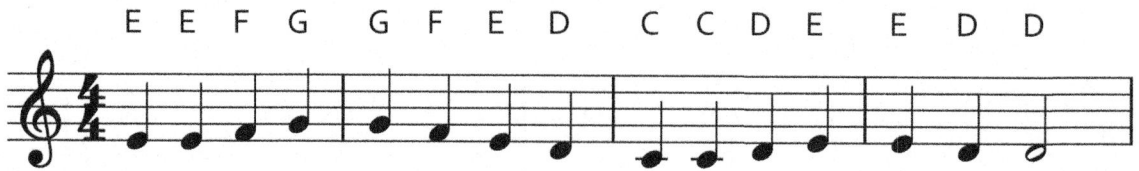

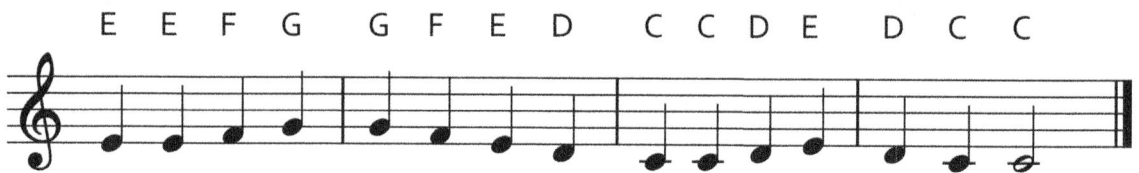

BAA BAA BLACK SHEEP

C   C   G   G   A   B   C   A   G

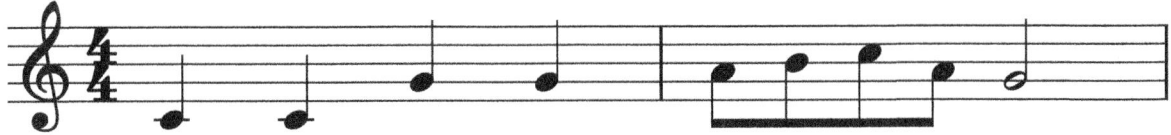

Baa,   baa,   black   sheep,   have you   a – ny   wool?

F   F   E   E   D   D   C

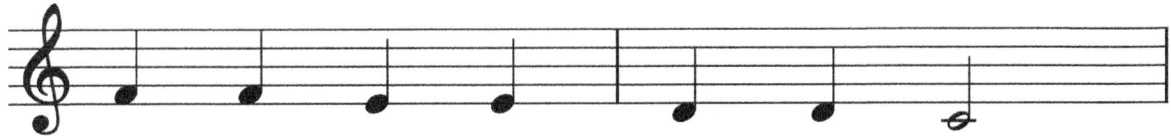

Yes   sir,   yes   sir,   three   bags   full.

G   G   G   F   F   E   E   E   D

One   for   the   mast   –   er,   one   for   the   dame,

G   G   G   F   G   A   F   E   B   B   C

one   for   the   lit – tle   boy   who   lives   down the   lane.

RAIN, RAIN, GO AWAY

G   E   G   G   E   G   G   E   A

Rain,   rain,   go a – way,   come a – gain a –

G   G   E   F   F   D   D   F   F   D

noth – er day.   Lit – tle child – ren   wants to play.

G   F   E   D   E   C   C

Rain – ---   Rain – ---   go a – way

THERE'S A HOLE IN MY BUCKET

F G   A F C   D F C   D F C

There's a   hole in my   buck – et dear   Li – za, dear

D F   F G   A F C   D F C   D F E

Li – za. There's a   hole in my   buck – et dear   Li – za, a

F   F G   A F C   D F C   D F C

hole.   Th – en   fix it dear   Hen – ry, dear   Hen – ry, dear

D F   F G   A F C   D F C   D F E   F F

Hen – ry. Th en   fix it dear   Hen – ry, dear   Hen – ry, then   fix it!

LITTLE JACK HORNER

C C C F E D D D G F

Lit – tle Jack Hor – ner, sat in a cor – ner,

E E E A G F C

eat – ing his Christ mas pie. He

C C C F E D D D G F

put in his thumb, and pulled out a plum, and

E G F E D E F

said, "What a good boy am I".

15

A TISKET, A TASKET

C	D	B	C	D	B	C	D	D	B	C

A   tis – ket, a   tas – ket, a   green and yel – low

D	B	B	C	C	A	A	C	C	A	A

bas – ket, I   wrote a let – ter to my love, and

D	C	B	A	B	G

on   the   way   I   dropped   it.

TWINKLE, TWINKLE LITTLE STAR

C   C   G   G   A   A   G   F   F   E   E

Twink – le,   twin – kle,   lit – tle star,   how   i   won–der

D   D   C   G   G   F   F   E   E   D

what   you   are!   Up   a – bove the   world   so   high,

G   G   F   F   E   E   D   C   C   G   G

like   a   dia–mond   in   the   sky.   Twin – kle,   twin – kle

A   A   G   F   F   E   E   D   D   C

lit – tle star,   how   I   won–der   what you   are!

AURA LEE

C   F   E   F   G   D   G   F   E   D   E

As the black-bird in the sping, 'neath the wil-low

F   C   F   E   F   G   D   G

tree, sat and piped, I heard him sing,

F   E   D   E   F

sing - ing "Au - ra Lee."

18

RING AROUND THE ROSIE

G G E A G E F

Ring a ring a ros - ies, a

G G E A G E E

pock - et full of po - sies; a

F D D F D D

tis - sue, a tis - sue we

G G C

all fall down

LONDON BRIDGE

G A G F E F G D E F E F G

Lon-donBridge is fall-ing down, fall-ing down, fall-ing down.

G A G F E F G D G E C

Lon don Bridge is fall – ing down, my fair, la – dy.

ROW YOUR BOAT

C   C   C   D   E   E   D

Row,   row,   row   your   boat,   gent – ly

E   F   G   C   C   C

down   the   stream._____   Mer – ri – ly,

G   G   G   E   E   E   C   C   C   G   F

mer – ri – ly,   Mer – ri – ly,   mer – ri – ly,   life   is

E   D   C

worth   a   dream._____

I'M A LITTLE TEAPOT

C D E F G C A C G

I'm a lit – tle tea – pot short and stout.

F F F E E D D D C

Here is my han – dle, here is my spout.

C D E F G C A C G

When I get all steamed up then i shout,

C C D F E D C

"Tip me o – ver pour me out."

22

OLD MACDONALD

G G G D E E D B B A A

Old Mac – do – nald had a farm, ee – ai – ee – ai –

G D G G G D E E D B B A A

oh! And on that farm he had a COW! Ee – ai – ee – ai –

G D D G G G G G G

oh! With a moo moo here, moo moo there,

G G G G G G G G G G G G

here a moo, there a moo eve – ry–where a moo moo!

G G G D E E D B B A A G

Old Mac–do–nald had a farm, ee–ai–ee–ai – oh!

ITSY BITSY SPIDER

G G G A B B B A G A B G

It – sy bit – sy spi – der climbed up the wa – ter spout.

B B C D D C B C D B

Down came the rain and washed poor it – sy out.

G G A B B B A G A B G D

Out came the sun – shine and dried up all the rain. So

G G G A B B B A G A B G

it – sy bit – sy spi – der climbed up the spout a – gain.

24

WHEN THE SAINTS GO MARCHING IN

G B C   D   G B C   D

Oh when the   saints,   go march-ing   in,

G B C   D B   G B   A

oh when the   saints go   march-ing   in,

B B A G   G   B   D D   D C

Oh, yes I   want   to   be   in that   num-ber.

C B C   D   B   G   A   G

Wh-en the   saints go   march-ing   in.

CAN CAN

C   D F E D   G   G   G A E F

D D   D F E D   C C B A   G F E D

C   D F E D   G   G   G A E F

D D   D F E D   C G D E   C

JINGLE BELLS

E   E   E   E   E   E   E   G   C   D

Jin – gle bells,   jin – gle bells,   jin – gle all the

E   F   F   F   F   F   E   E   E   E

way.   Oh, what fun   it   is   to ride in a

E   D   D   E   D   G   E   E   E   E   E   E

one horse o – pen   sleigh, hey!   Jin–gle bells,   jin–gle bells,

E   G   C   D   E   F   F   F   F

jin – gle all the   way.   Oh, what fun   it

F   E   E   E   E   G   G   F   D   C

is   to ride in a   one horse op – en   sleigh.

POLLY PUT THE KETTLE ON

C D C B♭ A F F   G A G F   E C C

Pol-ly put the   ket-tle on,   Pol-ly put the   ket-tle on,

C D C B♭ A F F A   D   E   F

Pol-ly put the   ket-tle on, we'll   all   have   tea.

POP GOES THE WEASEL

F   F   G   G   A   C   A   F   C

All   a – round   the   mul – ber – ry   bush,   the

F   F   G   G   A   F   C

mon – key   chased   the   wea – sel.   The

F   F   G   G   A   C   A   F

mon – key   thought   'twas   all____   in   fun.

D   G   Bb   A   F

"Pop!",   goes   the   wea – sel.

29

PETER PUMPKIN EATER

D Bb C Bb   G Bb F Bb   D Bb C Bb

Pe - ter, Pe - ter   pump-kin eat - er   had   a   wife and

G Bb F Bb   D Bb C Bb   G Bb F Bb

could not keep her.   Put her in   a   pump-kin shell and

D   Bb   C   Bb   Bb   Bb   Bb

there   he   kept   her   ve - ry   well.

SKIP TO MY LOU

A   F   A   A   A   C   G   E

Skip,   skip,   skip   to my Lou,   Skip,   Skip,

G   G   G   B♭   A   F   A   A   A   C

skip   to my Lou.   Skip,   skip,   skip   to my Lou.

G   A   B♭   A   G   F   F

Skip   to   my   Lou,   my   dar – ling

BINGO

C	F	F	F	C	D	D	C	C

There   was   a   far – mer   had   a   dog   and

F	F	G	G	A	F	A	A

Bin – go   was   his   name,   oh!   B – I –

B♭ B♭ B♭	G	G	A A A	F	F

N – G – O,   B – I – N – G – O,   B – I –

G	G	G F	E C D E	F	F

N – G – O,   and   Bin – go   was   his   name,   oh!

ARE YOU SLEEPING

F G A F | F G A F

Are you sleep – ing, are you sleep – ing?

A B♭ C | A B♭ C

Bro – ther John, bro – ther John.

C D C B♭ A F | C D C B♭ A F

Morn–ing bells are ring – ing, morn–ing bells are ring – ing.

F C F | F C F

Ding, ding, dong. Ding, ding, dong.

HAPPY BIRTHDAY

C   C   D   C   F   E   C   C

Hap – py   birth – day   to   you!   Hap – py

D   C   G   F   C   C   C   A   F

birth – day   to   you!   Hap – py   birth – day   to

E   D   B♭ B♭   A   F   G   F

(name.. ..)   Hap–py   birth – day   to   you!

HEY DIDDLE DIDDLE

A   A   A   A   B♭   C   G   G   G   G   F   G

Hey did – dle   did – dle! The   cat and the   fid – dle, the

A   A   A   B♭   C   G   A

cow   jumped   o – ver the   moon._____   The

B♭   B♭   B♭   B♭   C   D   C   A   F   G   A

lit – tle dog   laughed. to   see   such   fun and the

C   C   C   C   D   E   F

dish ran a –   way with the   spoon.

ROCK A BYE BABY

C C A G F C C F E

Rock – a – bye ba – by, on the tree top.

D D B♭ A G G F D C

When the wind blows the cra – dle will rock.

C C A G F C C F E D

When the bough breaks the cra – dle tree fall, and

C E B♭ A F G D E F

down will come ba by, cra – dle and all.

36

IF YOU'RE HAPPY AND YOU KNOW IT

C	C	F	F	F	F	F	F	E	F	G		C	C

If you're hap – py and you know it clap your hands! If you're

G	G	G	G	G	G	F	G	A		A	A

hap – py and you know it clap your hands! If you're

B♭	B♭	B♭	B♭	D	D	B♭	B♭	A	A	A	G	F	F	A	A

hap – py and you know it then you rea – lly out to show it! If you're

G	G	G	F	E	E	D	E	F

hap – py and you know it clap your hands!

37

MARY QUITE CONTRARY

C C A A Bb Bb G G

Ma – ry, Ma – ry quite con – tra – ry,

A A A C A G C D E F C

how does your gar – den grow? With sil – ver bells and

D E F Bb A A A G G G F

cock – le shells and pret-ty maids all in a row.

LAVENDER'S BLUE

D A A | A G F# E D

La – ven – der's blue, dil – ly dal – ly,

D B B | B | D A A

la – ven – der's green. When I am

A G F# E D | G F# E | D

King, dil – ly dal – ly, you shall be Queen.

HUSH LITTLE BABY

D B B B C   B   A A A

Hush lit-tle ba – by,   don't   say   a   word,

D D A A A   A B   A   G   G

Ma-ma's gon-na buy   you   a   mock – ing   bird.

D   B   B   C   B   A   A

If   that   mock – ing   bird   don't   sing,

D D A A A   A B   A   G   G

Pa-pa's gon-na buy   you   a   dia – mond   ring.

HEADS, SHOULDERS, KNEES AND TOES

G   A G F# G   E   G G   G

Heads,   shoul-ders, knees and   toes,   knees and   toes.

G   A G F# G   D   G G   G F E D

Heads,   shoul-ders, knees and   toes,   knees and   toes_____.

C E   G   C   D C B C   A   B

Eyes and   ears and   mouth. and___   nose.   Head,

B G A B   C   C   C   C

shoul-ders, knees and   toes,   knees and   toes.

AMAZING GRACE

D G B G B A G E D D
A – ma – zing grace, how sweet the sound. That

G B G B A D B
saved a___ wreck like me._____ I

D D B G D E G E D D
once was_ lost, but now am_ found. Was

G B G B A G
blind but_ now I see._____

Printed in Great Britain
by Amazon